ÉROTIQUES

E. E. CUMMINGS

ÉROTIQUES

Édition bilingue

traduit de l'anglais et présenté
par Jacques Demarcq

Seghers

Ouvrage traduit avec le concours du Centre national du livre

ISBN 978-2-232-12337-5
(édition originale : ISBN 978-0-87140-659-0 W.W. Norton & Company, Inc., New York)

1.

there is a
moon sole
in the blue
night

          amorous of waters
tremulous,
blinded with silence the
undulous heaven yearns where

in tense starlessness
anoint with ardor
the yellow lover

stands in the dumb dark
svelte
and
urgent

          (again
love i slowly
gather
of thy languorous mouth the

thrilling
flower)

1.

il y a une
lune seule
dans la nuit
bleue

        amoureuse des eaux
tremblantes,
aveuglés de silence les
cieux ondulants se languissent où

dans une tension inétoilée
enduite d'ardeur
l'amoureuse jaune

se tient dans l'obscurité muette
svelte
et
pressée

        (de nouveau
l'amour lentement
je cueille
de ta bouche langoureuse la

frémissante
fleur)

2.

What is thy mouth to me?
A cup of sorrowful incense,
A tree of keen leaves,
An eager high ship,
A quiver of superb arrows.

What is thy breast to me?
A flower of new prayer,
A poem of firm light,
A well of cool birds,
A drawn bow trembling.

What is thy body to me?
A theatre of perfect silence,
A chariot of red speed;
And O,the dim feet
Of white-maned desires!

2.

Qu'est-ce que ta bouche pour moi?
Un calice d'encens douloureux,
Un buisson de feuilles ardentes,
Un haut navire enthousiaste,
Un frisson de sublimes flèches.

Qu'est-ce que tes seins pour moi?
Une fleur de prière nouvelle,
Un poème de lumière solide,
Un puits d'oiseaux frais,
Un arc tendu qui tremble.

Qu'est-ce que ton corps pour moi?
Un théâtre de pur silence,
Un char de vitesse rouge;
Et oh,les pieds imprécis
Des désirs aux mains blanches!

3.

After your poppied hair inaugurates
Twilight,with earnest of what pleading pearls;
After the carnal vine your beauty curls
Upon me,with such tingling opiates
As immobile my literal flesh awaits;
Ere the attent wind spiritual whirls
Upward the murdered throstles and the merles
Of that prompt forest which your smile creates;

Pausing,I lift my eyes as best I can,
Where twain frail candles close their single arc
Upon a water-colour by Cezanne.
But you,love thirsty,breathe across the gleam;
For total terror of the actual dark
Changing the shy equivalents of dream.

3.

D'après tes cheveux rougeoyants s'instaure
Un crépuscule,en gage de quelles perles implorantes;
D'après la vigne charnelle ta beauté se retord
Sur moi,avec des opiums aussi fourmillants
Qu'immobile attend ma chair littérale;
Déjà tournoie l'attentif vent spirituel
Sur le massacre des grives et des merles
De cette rapide forêt que ton sourire dévoile;

M'arrêtant,je lève les yeux du mieux que je puis,
Où se referme l'arc de deux bougies frêles
Au-dessus d'une cézannienne aquarelle.
Mais,d'amour assoiffée,tu souffles ce qui luit;
En totale terreur de l'obscurité réelle
Changeant l'équivalent timide d'un rêve.

4.

When thou art dead,dead,and far from the splendid sin,
And the fleshless soul whines at the steep of the last abyss
To leave forever its heart acold in an earthy bed,

When,forth of the body which loved my body,the soul-within
Comes,naked from the pitiless metamorphosis,
What shall it say to mine,when we are dead,dead?

(When I am dead,dead,and they have laid thee in,
The body my lips so loved given to worms to kiss,
And the cool smooth throat,and bright hair of the head—).

4.

Quand tu seras morte,morte,et loin du splendide péché,
Qu'une âme décharnée au bord du dernier abîme
Gémira de quitter son cœur froid dans la terre,

Quand,hors du corps qui aimait mon corps,son intime
Âme viendra,nue d'une métamorphose sans pitié,
Que dirai-je à la mienne,quand nous serons morts,morts?

(Quand je serai mort,mort,qu'ils t'auront enterrée,
Corps et lèvres aimées offertes aux baisers des vers,
Et la douce gorge fraîche,la blonde chevelure fine—).

5.

i am going to utter a tree,Nobody
shall stop me

but first
earth ,the reckless oral darkness
raging with thin impulse

i will have

a
  dream
  i
  think it shall be roses and
spring will bring her
worms rushing through loam.

(afterward i'll
climb
by tall careful muscles

into nervous and accurate silence....But first

you)

press easily
at first,it will be leaves
and a little harder

5.

je vais proférer un arbre,Personne
ne m'arrêtera

mais d'abord
la terre   ,l'insouciante orale obscurité
se déchaînant en de fines impulsions

je ferai

un
    rêve
    je
    pense qu'il sera de roses et
le printemps lui apportera
des vers se ruant dans le terreau.

(ensuite je
monterai
avec de longs muscles attentifs

dans un silence nerveux précis... Mais   d'abord

tu)

presseras doucement
d'abord,ce sera les feuilles
et un peu plus fort

for roses
only a little harder

last we
on the groaning flame of neat huge
trudging kiss moistly climbing hideously with
large
minute
hips,O

.press

worms rushing slowly through loam

pour les roses
juste un peu plus fort

à la fin   nous
dans le feu gémissant d'un net énorme
pataugeant baiser montant humide hideusement avec
de larges
minuscules
hanches,Oh

            .presse

les vers se ruant lentement dans le terreau

6.

raise the shade
will youse dearie?
rain
wouldn't that

get yer goat but
we don't care do
we dearie we should
worry about the rain

huh
dearie?
yknow
i'm

sorry for awl the
poor girls that
gets up god
knows when every

day of their
lives
aint you,
                    oo-oo.   dearie

not so
hard dear

you're killing me

6.

ouv' les volets
tu veux chéri?
la pluie
c'pas qu'ça

t'les casse mais
on s'en tape pas
vrai chéri la pluie
on s'en fout pas mal

hein
chéri?
tu sais
moi

j'les plains toutes ces
pauv' filles qui
s'lèvent à dieu
sait quelle heure tous

les jours d'leur
vie
pas toi,
                    wha-hou.   chéri

pas si
fort chéri

tu m'fais mal

7.

between the breasts
of bestial
Marj lie large
men who praise

Marj's cleancornered strokable
body   these men's
fingers toss trunks
shuffle sacks spin kegs they

curl
loving
around
beers

        the world has
these men's hands but their
bodies big and boozing
belong to

Marj
the greenslim purse of whose
face opens
on a fatgold

7.

entre les seins
de la sauvage
Marj reposent des hommes aux larges
épaules qui glorifient

le corps caressable aux angles arrondis
de Marj   de ces hommes
les doigts balancent des coffres
déplacent des sacs roulent des barils ils

nouent
l'amour
autour
de bières

                le monde possède
les mains de ces hommes mais leur
grand corps picoleur
appartient à

Marj
la verteplate bourse duquel
visage s'ouvre
sur un grasgarnid'or

grin
hooray
hoorah for the large
men who lie

between the breasts
of bestial Marj
for the strong men
who

sleep between the legs of Lil

rire
hiphip
hourra pour les larges
épaules qui reposent

entre les seins
de la sauvage Marj
pour les hommes forts
qui

dorment entre les jambes de Lil

8.

her
flesh
Came
at

meassandca V
ingint
oA
chute
i had cement for her,
merrily
we became each
other humped to tumbling

garble when
a
minute
pulled the sluice

emerging.

concrete

8.

sa
chair
Est venue
à

moiteldusabledé V
                    alantsuru
                                        Ne
gouttière
          j'avais du ciment pour elle,
          joyeusement
nous nous sommes l'un
l'autre mélangés pour retomber

gâchis   lorsqu'
un
rien
ouvrant les vannes

                    est sorti.

le béton

9.

irreproachable ladies firmly lewd
on dangerous slabs of tilting din whose
mouths distinctly walk
                                        your smiles accuse

the dusk with an untimid svelte subdued
magic
        while in your eyes there lives
a green egyptian noise.ladies with whom time

feeds especially his immense lips

On whose deep nakedness death most believes,
perpetual girls marching to love

whose bodies kiss me with the square crime
of life.... Cecile,the oval shove
of hiding pleasure.   Alice,stinging quips
of flesh.   Loretta,cut the comedy
kid....

      Fran Mag Glad Dorothy

9.

irréprochables dames solidement lascives
sur le pavé périlleux du renversant tumulte
que vos bouches arpentent
vos sourires accusent

le soir avec une subjuguée svelte effrontée
magie
tandis que dans vos yeux vivent
d'égyptiens bruits verts.dames de qui le temps

nourrit spécialement ses lèvres immenses

La mort a foi en votre profonde nudité,
perpétuelles filles en marche vers l'amour

dont les corps me font embrasser le crime honnête
de la vie… Cécile,l'attirance inquiète
des plaisirs cachés. Alice,les piquants détours
de la chair. Loretta,arrête ta comédie
petite…

Fran Mag Glad Dorothy

10.

nearer:breath of my breath:take not thy tingling
limbs from me:make my pain their crazy meal
letting thy tigers of smooth sweetness steal
slowly in dumb blossoms of new mingling:
deeper:blood of my blood:with upwardcringing
swiftness plunge these leopards of white dream
in the glad flesh of my fear:more neatly ream
this pith of darkness:carve an evilfringing
flower of madness on gritted lips
and on sprawled eyes squirming with light insane
chisel the killing flame that dizzily grips.

Querying greys between mouthed houses curl

thirstily.   Dead stars stink.   dawn.   Inane,

the poetic carcass of a girl

10.

plus près:souffle de mon souffle:n'enlève qui fourmillent
tes membres:fais leur repas fou de ma souffrance
que tes tigres de lisse douceur lentement pillent
en des floraisons muettes aux nouveaux mélanges:
plus profond:sang de mon sang:avec de vifs replis
ascendants plonge ces léopards de rêve blanc
dans la chair ravie de ma peur:creuse plus nette
cette moelle d'obscurité:sculpte une fleur de folie
frangée de mal sur des lèvres grinçantes
et sur des yeux rampants crispés de lumière démente
cisèle l'assassine flamme qui saisit de vertige.

Des gris perplexes frisent avides entre de béantes

maisons. Les étoiles mortes puent. l'aube. Inepte,

la carcasse poétique d'une fille

11.

god pity me whom(god distinctly has)
the weightless svelte drifting sexual feather
of your shall i say body?follows
truly through a dribbling moan of jazz

whose arched occasional steep youth swallows
curvingly the keenness of my hips;
or,your first twitch of crisp boy flesh dips
my height in a firm fragile stinging weather,

(breathless with sharp necessary lips)kid

female cracksman of the nifty,ruffian-rogue,
laughing body with wise breasts half-grown,
lisping flesh quick to thread the fattish drone
of I Want a Doll,
                              wispish-agile feet with slid
steps parting the tousle of saxophonic brogue.

11.

dieu aie pitié de moi sur qui(d'ailleurs dieu a)
svelte et sans poids la plume sexuelle à la dérive
de ton dois-je dire corps?suivant le rythme arrive
portée par la plainte goutte à goutte du jazz

dont la jeunesse abrupte cambrée sporadique avale
en s'incurvant l'enthousiasme de mes hanches;
à ta première secousse de croustillante chair mâle
dans un frêle ferme climat piquant ma hauteur flanche,

(sans souffle et lèvres serrées forcément)cabri

femelle cambrioleur du coquet, voyoute polissonne,
corps rieur aux seins bien sages à demi poussés,
chair bruissante qui se faufile dans les basses bouffies
d'I Want a Doll,
menus pieds agiles aux glissés
peignant l'accent ébouriffé du saxophone.

12.

whereas by dark really released,the modern
flame of her indomitable body
uses a careful fierceness. Her lips study
my head gripping for a decision:burn
the terrific fingers which grapple and joke
on my passionate anatomy
oh yes! Large legs pinch, toes choke—
hair-thin strands of magic agony
....by day this lady in her limousine

oozes in fashionable traffic,just
a halfsmile(for society's sweet sake)
in the not too frail lips almost discussed;
between her and ourselves a nearly-opaque
perfume disinterestedly obscene.

12.

bien que diffusée par l'obscurité,la flamme
moderne de son corps indomptable use
d'une prudente férocité. Ses lèvres étudient
ma tête aux prises avec une décision:brûlent
les doigts terrifiants qui s'agrippent et blaguent
sur ma passionnante anatomie
oh oui! Étouffent orteils, pincent les grosses jambes–
des mèches d'angoisse magique ultrafines
...de jour cette dame dans sa limousine

se faufile dans les embouteillages en vogue,juste
un demi-sourire(par souci des convenances)
ses lèvres pas trop frêles parlant à peine;
entre elle et nous un quasiment occulte
parfum désintéressément obscène.

13.

my girl's tall with hard long eyes
as she stands,with her long hard hands keeping
silence on her dress,good for sleeping
is her long hard body filled with surprise
like a white shocking wire,when she smiles
a hard long smile it sometimes makes
gaily go clean through me tickling aches,
and the weak noise of her eyes easily files
my impatience to an edge—my girl's tall
and taut,with thin legs just like a vine
that's spent all of its life on a garden-wall,
and is going to die. When we grimly go to bed
with these legs she begins to heave and twine
about me,and to kiss my face and head.

13.

ma môme est grande avec de longs yeux durs lorsqu'elle
se tient debout,avec de longues mains dures gardant
le silence sur sa robe,parfait pour le sommeil
est son long corps dur aussi rempli de surprise
qu'un électrique fil blanc,lorsqu'elle sourit
d'un dur et long sourire ça fait parfois gaîment
venir à travers moi de cruels chatouillis
et le bruit faible de ses yeux met aisément
mon impatience à vif—ma môme est grande,
la chair ferme,ses jambes aussi fines qu'une vigne
qui a passé sa vie sur le mur d'un jardin
et va mourir. Quand nous allons au lit sans joie
ces deux jambes elle commence à enrouler sur moi
et haletant,mes tête et visage elle étreint.

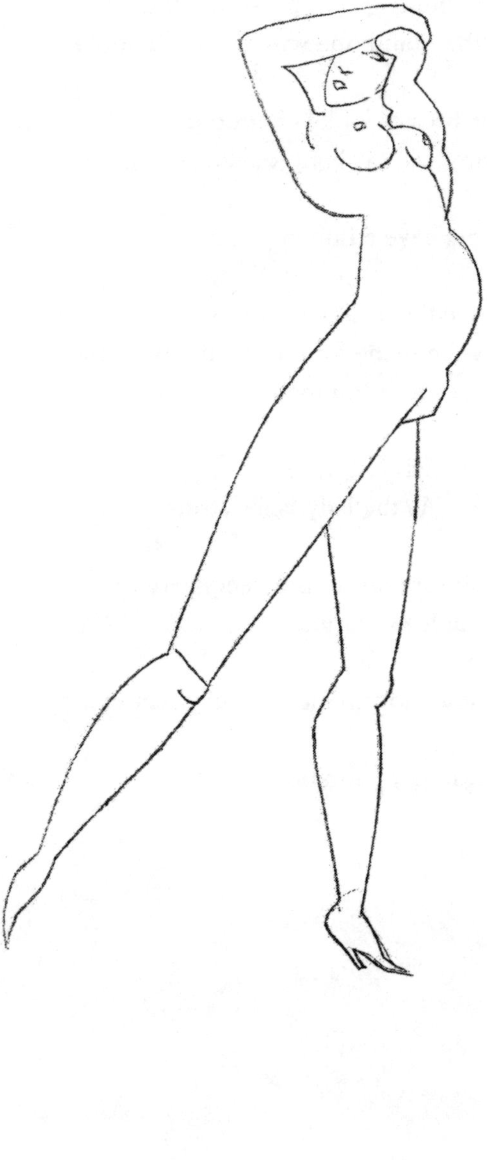

14.

twentyseven bums give a prostitute the once
-over. fiftythree(and one would see if it could)

eyes say the breasts look very good:
firmlysquirmy with a slight jounce,

thirteen pants have a hunch

admit in threedimensional distress
these hips were made for Horizontal Business
(set on big legs nice to pinch

assiduously which justgraze
each other). As the lady lazily struts
(her
thickish flesh superior to the genuine daze
of unmarketable excitation,

whose careless movements carefully scatter

pink propaganda of annihilation

14.

vingt-sept clodos reluquent une pro
-stituée. cinquante-trois(et un ne demandant qu'à)

yeux disent que les seins ont l'air très beaux:
trémoussés fermes avec un ballant délicat,

ont une bosse treize braguettes

admettent avec une gêne à trois dimensions
que ces fesses pour les Affaires Horizontales sont faites
(posées sur de belles cuisses bonnes à pincer

avec assiduité qui se frôlent juste
à peine). Comme la dame nonchalante se pavane
(ses
chairs lourdaudes au-dessus de la franche hébétude
d'une non marchandable excitation,

ses mouvements insouciants avec soin diffusent

la propagande rose de l'annihilation

15.

life boosts herself rapidly at me

through sagging debris of exploded day
the hulking perpendicular mammal
a
grim epitome of chuckling flesh.
Weak thirsty fists of idiot futures bash

the bragging breasts,
puppy-faces to mouth
her ugly nipples squirming in pretty wrath,
gums skidding on slippery udders

she
lifts an impertinent puerperal face
and with astute fatuous swallowed eyes
smiles,
one grin very distinctly wobbles
from the thinning lips me hugely which embrace,
as in the hairy notching of clenched thighs

a friendless dingy female frenzy bubbles

15.

la vie la soulève d'un coup devant moi

dans les débris retombants du jour explosé
un massif mammifère perpendiculaire
la
sinistre quintessence d'une gloussante chair.
Des poings frêles affamés d'avenirs idiots frappent

des seins vantards,
des moues de chiot pour dégoiser
ses moches tétons que trémousse une jolie colère,
dérapant l'élastique sur de glissantes mamelles

elle
lève impertinent un visage puerpéral
et avec de stupides yeux malins enfoncés
sourit,
distinctement titube une grimace
sur les lèvres pincées grandement qui m'embrassent.
tandis que dans l'encoche velue des cuisses coincées

bouillonne rance esseulée une frénésie femelle

16.

my deathly body's deadly lady

smoothly-foolish exquisitely,tooled
(becoming exactly passionate Gladly

grips with chuckles of supreme sex

my mute-articulate protrusion)
Inviting my gorgeous bullet to vex

the fooling groove intuitive...

And the sharp ripples-of-her-brain bite
fondly into mine,
                                   as the slow give-

of-hot-flesh Takes,me;in crazier waves of light
sweetsmelling
                                fragrant:
                                                  unspeakable chips
Hacked,
              from the immense sun(whose day is drooled
on night—)and the abrupt ship-of-her lips

disintegrates,with a coy!explosion

16.

ma mortelle dame au corps cadavérique

d'une douceur bête exquisément,équipée
(devenant exactement passionnée agrippe

Volontiers en des gloussements de suprême sexe

ma protubérance muette-articulée)
Désirant que mon bel obus vexe

l'intuitif sillon qui se moque...

Et le vif clapotis-de-son-cerveau me mord
tendrement,
                    comme la lente concession-de-chair-

chaude me,Prend;en de plus folles vagues de lumière
sentantbon
                    parfumées :
                                        d'éclats imprononçables
Arrachés,
                au soleil immense(dont le jour bave
sur la nuit—)et l'abrupt navire-de-ses lèvres

se désintègre,en une explosion!mièvre

17.

first she like a piece of ill-oiled
machinery does a few naked tricks

next into unwhiteness,clumsily
lustful,plunges—covering the soiled
pillows with her violent hair
(eagerly then the huge greedily

Bed swallows easily our antics,
like smooth deep sweet ooze where
two guns lie,smile,grunting.)

"C'est la guerre"i probably suppose,
c'est la guerre busily hunting
for the valve which will stop this.
as i push aside roughly her nose

Hearing the large mouth mutter kiss pleece

17.

d'abord elle comme la pièce d'une machinerie
mal huilée fait quelques trucs déshabillés

puis entre les non-blancs,avec une gaucherie
lascive,plonge—couvrant les oreillers
tachés de ses cheveux violents
(puis impatient l'avide énorme

Lit avale sans mal nos cabrioles,
telle une douce lisse profonde bouillasse
où deux tireurs gisent,sourient,râlant.)

"C'est la guerre" sans doute je suppose,
c'est la guerre qui s'active en chasse
d'une soupape pour arrêter la chose.
comme je repousse rudement son nez

Sa grande bouche marmonne un baiser s'te plaît

18.

O It's Nice To Get Up In,the slipshod mucous kiss
of her riant belly's fooling bore
—When The Sun Begins To(with a phrasing crease
of hot subliminal lips,as if a score
of youngest angels suddenly should stretch neat necks
just to see how always squirms
the skilful mystery of Hell)me suddenly

grips in chuckles of supreme sex.

In The Good Old Summer Time.
My gorgeous bullet in tickling intuitive flight
aches,just,simply,into,her.   Thirsty
stirring.   (Must be summer.   Hush.   Worms.)
But It's Nicer To Lie In Bed
                                        —eh?   I'm

not.   Again.   Hush.   God.   Please hold.   Tight

18.

Oh C'est Bon De Se Lever Dans,le muqueux baiser débraillé
du mascaret bouffon de son ventre riant
—Quand Le Soleil S'y Met(avec un pli phrasé
de chaudes lèvres subliminales, comme si un cent
d'angelots tendaient soudain nettement le cou
juste pour voir comment toujours se démène
l'adroit mystère de l'Enfer)à moi tout à coup

s'agrippe en des gloussements de sexe suprême.

Au Bon Vieux Temps De L'Été.
Mon bel obus d'un jet d'intuitifs chatouillis
frappe,juste,simplement,dedans,elle.   Assoiffée
s'agite.   (Ça doit être l'été.   Chut.   La mort.)
C'est Mieux D'Être Au Lit
                                        –hein?   J'y suis

pas.   Encore.   Chut.   Dieu.   S'te Plaît tiens.   Fort

19.

my strength becoming wistful in a glib

girl i consider her as a leaf
                                        thinks
of the sky,my mind takes to nib
-bling,of her posture.   (As an eye winks).

and almost i refrain from jumbling her
flesh whose casual mouth's coy rooting
dies also.   (my loveFist in her knuckling

thighs,
      with a sharp indecent stir
unclenches

            into fingers....she too is tired.
Not of me.   The eyes which biggish loll

the hands' will tumbling into shall

—and Love's a coach with gilt hopeless wheels mired
where sits rigidly her body's doll
gay exactly perishing sexual,

19.

ma force devenue mélancolique dans une fille

légère que je considère comme une feuille
songe
au ciel,mon esprit se prend à mange
-oter,son attitude. (Comme un œil cligne).

et je me retiens presque d'embrouiller sa
chair dont le fond nitouche d'une bouche occasionnelle
meurt aussi. (mon Poing d'amour coincé dans

ses cuisses,
d'un mouvement vif indécent
se desserre

en doigts… elle aussi se sent lasse.
Pas de moi. Les yeux qui globuleux se prélassent

le vouloir des mains qui en devoir chancelle

—et l'Amour un carrosse aux vaines roues d'or s'enlise
dans la poupée de son corps raidement assise
gaie de périr exactement sexuelle,

20.

the dirty colours of her kiss have just
throttled
                    my seeing blood,her heart's chatter

riveted a weeping skyscraper

in me

            i bite on the eyes' brittle crust
(only feeling the belly's merry thrust
Boost my huge passion like a business

and the Y her legs panting as they press

proffers its omelet of fluffy lust)
at six exactly
                    the alarm tore

two slits in her cheeks. A brain peered at the dawn.
she got up

                    with a gashing yellow yawn
and tottered to a glass bumping things.
she picked wearily something from the floor

Her hair was mussed,and she coughed while tying strings

20.

les couleurs sales de son baiser viennent
d'étrangler
mon sang voyeur,son cœur jacasseur

a riveté un gratte-ciel pleureur

en moi

je mords la croûte friable des yeux
(sentant juste une pression joyeuse de l'abdomen
Vanter mon énorme passion comme une affaire

et l'Y de ses jambes haletantes lorsqu'il serre

offrir son omelette de désir duveteux)
à six heures pile
la sonnerie a ouvert

deux fentes dans ses joues. Un cerveau a scruté l'aube.
elle s'est levée

balafrée d'un jaune bâillement
et titubé jusqu'à une glace heurtant des choses.
elle a ramassé d'un air las un truc par terre

Ses cheveux ébouriffés,a toussé les rattachant

21.

her careful distinct sex whose sharp lips comb

my mumbling gropeofstrength(staggered by the lug
of love)
          sincerely greets,with an occult shrug
asking Through her Muteness will slowly roam
my dumbNess?

                    her other,wet,warm

lips limp,across my bruising smile;
as rapidly upon the jiggled norm

of agony my grunting eyes pin tailored flames
Her being at this instant commits

an impenetrable transparency.
the harsh erecting breasts and uttering tits
punish my hug
                    presto!

                              the bright rile
of jovial hair extremely frames

the face in a hoop of grim ecstasy

21.

son net consciencieux sexe dont les vives lèvres peignent

mes marmottants tâtonsdeforce(qu'ébranle une traction
d'amour)
m'accueille sincèrement, d'un dédain occulte
se demandant Est-ce que mes siLences flâneront
dans son Mutisme?

ses autres,humides,tièdes

lèvres boitent,croisant froissé mon sourire;
comme vite sur la norme ballottée d'une angoisse

mes yeux grognons épinglent des flammes sur mesure
Son être à cet instant délivre

une transparence impénétrable.
les seins durs dressés et les tétons criant
punissent mon étreinte
presto!

l'agacement brillant
des cheveux rigolards cerne à l'extrême

son visage en un cercle de sinistre extase

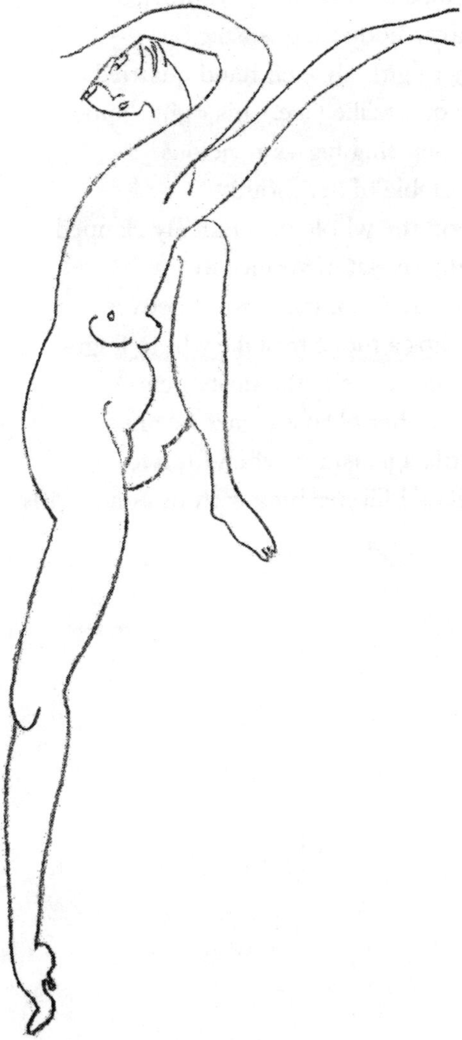

22.

in making Marjorie god hurried
a boy's body on unsuspicious
legs of girl. his left hand quarried
the quartzlike face. his right slapped
the amusing big vital vicious
vegetable of her mouth.
Upon the whole he suddenly clapped
a tiny sunset of vermouth
-colour. Hair. he put between
her lips a moist mistake,whose fragrance hurls
me into tears,as the dusty new-
ness of her obsolete gaze begins to. lean....
a little against me,when for two
dollars i fill her hips with boys and girls

22.

pour faire Marjorie dieu en vitesse a plaqué
un corps de garçon sur de peu soupçonneuses
guiboles de fille. a taillé de la main gauche
le quartz de son visage. sa droite lui a flanqué
pour bouche un drôle de gros
légume vital d'allure vicieuse.
Sur le tout il a collé d'un coup
un petit crépuscule aux nuances
vermouth. Ses cheveux. il a mis entre
ses lèvres une humide erreur,dont le parfum me
fait fondre en larmes,dès que la poussiéreuse nou-
veauté de son regard désuet. se penche…
un peu sur moi,quand pour deux
dollars je remplis de filles et garçons ses hanches

23.

as
we lie side by side
my little breasts become two sharp delightful strutting towers and
i shove hotly the lovingness of my belly against you

your arms are
young;
your arms will convince me,in the complete silence speaking
upon my body
their ultimate slender language.

do not laugh at my thighs.

there is between my big legs a crisp city.
when you touch me
it is Spring in the city;the streets beautifully writhe,
it is for you;do not frighten them,
all the houses terribly tighten
upon your coming:
and they are glad
as you fill the streets of my city with children.

23.

quand
nous nous allongeons côte à côte
mes petits seins se pavanent en deux charmantes tours aiguës et
je pousse chaudement la tendresse de mon ventre contre toi

tes bras sont
jeunes;
tes bras me convaincront,dans un complet silence disant
sur mon corps
leurs derniers mots sveltes.

ne ris pas de mes cuisses.

il y a entre mes grandes jambes une ville craquante.
quand tu me touches
c'est le printemps dans la ville;les rues se tortillent joliment,
c'est pour toi;ne les effraie pas,
toutes les maisons se serrent terriblement
quand tu arrives:
elles sont contentes
quand tu remplis d'enfants les rues de ma ville.

my love you are a bright mountain which feels.
you are a keen mountain and an eager island whose
lively slopes are based always in the me which is shrugging,which is
under you and around you and forever:i am the hugging sea.
O mountain you cannot escape me
your roots are anchored in my silence;therefore O mountain
skilfully murder my breasts,still and always

i will hug you solemnly into me.

mon amour tu es une montagne lumineuse qui ressent.
tu es une montagne enthousiaste une île ardente dont
les pentes vivantes ont pour socle le moi qui se secoue,qui est
sous toi et autour pour toujours:je suis la mer qui t'étreint.
Ô montagne tu ne peux m'échapper
tes racines s'ancrent dans mon silence;et donc ô montagne
meurtris habilement mes seins,encore et toujours

je t'étreindrai solennellement en moi.

24.

my lady is an ivory garden,
who is filled with flowers.

under the silent and great blossom
of subtle colour which is her hair
her ear is a frail and mysterious flower
her nostrils
are timid and exquisite
flowers skilfully moving
with the least caress of breathing,her
eyes and her mouth are three flowers.   My lady

is an ivory garden
her shoulders are smooth and shining
flowers
beneath which are the sharp and new
flowers of her little breasts tilting upward with love
her hand is five flowers
upon her whitest belly there is a clever dreamshaped flower
and her wrists are the merest most wonderful flowers   my

24.

ma dame est un jardin d'ivoire,
couvert de fleurs.

sous la grande et silencieuse éclosion
de couleurs subtiles que sont ses cheveux
son oreille est une fleur frêle et mystérieuse
ses narines
sont de timides exquises
fleurs qui habilement remuent
à la moindre caresse d'air qu'elle respire,ses
yeux sa bouche sont trois fleurs.   Ma dame

est un jardin d'ivoire
ses épaules sont de lisses et brillantes
fleurs
sous lesquelles percent les fleurs nouvelles
de ses petits seins se balançant avec amour
sa main forme cinq fleurs
sur son ventre blanc est une maligne fleur en forme de rêve
et ses poignets sont les plus pures plus merveilleuses fleurs   ma

lady is filled
with flowers
her feet are slenderest
each is five flowers her ankle
is a minute flower
my lady's knees are two flowers
Her thighs are huge and firm flowers of night
and perfectly between
them eagerly sleeping
is

the sudden flower of complete amazement

my lady who is filled with flowers
is an ivory garden.

And the moon is a young man

who i see regularly,about twilight,
enter the garden smiling to
himself.

dame est couverte
de fleurs
ses pieds sont effilés
formés chacun de cinq fleurs sa cheville
est une minuscule fleur
les genoux de ma dame sont deux fleurs
Ses cuisses sont de vastes et fermes fleurs de nuit
et exactement entre
elles endormie intensément
est

la fleur soudaine d'une totale stupéfaction

ma dame couverte de fleurs
est un jardin d'ivoire.

Et la lune est un jeune homme

que je vois régulièrement,autour du crépuscule,
entrer dans le jardin et sourire
en lui-même.

25.

utterly and amusingly i am pash
possibly because
.dusk and if it
perhaps drea-mingly Is(not-
quite trees hugging with the rash,
coherent light
)only to trace with
stiffening slow shrill eyes beyond a fit–
and-cling of stuffs the alert willing myth
of body, which will make oddly to strut
my indolent priceless smile,
until
this very frail enormous star(do you see
it?)and this shall dance upon the nude
and final silence and shall the
(i do but touch you)timid lewd
moon plunge skilfully into the hill.

25.

tout à fait comiquement je suis mordu
sans doute à cause
                                        .du crépuscule et si ça
n'Est peut-être qu'en rêve(de pas
vraiment arbres étreignant l'aventurée,
lumière cohérente
)pour traquer avec
de lents yeux criards se tendant au travers du
tissu moulant le dispos mythe alerte
du corps, qui fera bizarrement se montrer
mon indolent sourire sans prix,
                                                            jusqu'à
ce que danse cette frêle étoile(la
vois-tu)énorme et cette autre sur l'ultime
silence nu et que la(je fais à peine
plus que te toucher)timide obscène
lune plonge habilement dans la colline.

26.

when i have thought of you somewhat too
much and am become perfectly and
simply Lustful....sense a gradual stir
of beginning muscle,and what it will do
to me before shutting....understand
i love you....feel your suddenly body reach
for me with a speed of white speech

(the simple instant of perfect hunger
Yes)
        how beautifully swims
the fooling world in my huge blood,
cracking brains A swiftlyenormous light
—and furiously puzzling through,prismatic,whims,
the chattering self perceives with hysterical fright

a comic tadpole wriggling in delicious mud

26.

quand j'ai un peu trop pensé à
toi et suis simplement complètement
plein de Désir… devine un graduel mouvement
de muscle se mettant à,et ce qu'il me fera
avant de se replier… je comprends
que je t'aime… sentant ton corps qui soudain
m'atteint à la vitesse de blanches paroles

(le simple instant de la parfaite faim
Oui)
        combien nage magnifiquement
le monde bouffon dans mes vastes sangs,
fissurant les cerveaux Une lumière vite énorme
—et furieusement perplexe en de,prismatiques,caprices,
le moi bavard aperçoit pris d'une frayeur folle

un têtard comique frétillant dans la boue avec délice

27.

my naked lady framed
in twilight is an accident

whose niceness betters easily the intent
of genius—
                    painting wholly feels ashamed
before this music,and poetry cannot
go near because perfectly fearful.

meanwhile these speak her wonderful
But i(having in my arms caught

the picture)hurry it slowly

to my mouth,taste the accurate demure
ferocious
            rhythm of
                        precise
laziness.   Eat the price

of an imaginable gesture

exact warm unholy

27.

ma dame nue sur fond
de crépuscule est un accident

dont l'agrément dépasse aisément l'intention
du génie—
                    toute peinture se sent honteuse
devant cette musique,et la poésie n'arrive
à s'en approcher tant elle est craintive.

et pourtant toutes deux la disent merveilleuse
Mais moi(dans mes bras ayant pris

le tableau)je le presse lentement

contre ma bouche,goûte le rythme précis
féroce
          et sage d'une
                              impeccable
nonchalance.   Savoure le prix

d'un geste inimaginable

chaud exact impie

28.

the ivory performing rose

of you,worn upon my mind
all night,quitting only in the unkind

dawn its muscle amorous

pricks with minute odour these gross
days
        when i think of you and do not live:
and the empty twilight cannot grieve
nor the autumn,as i grieve,faint for your face

O stay with me slightly.   or until

with neat obscure obvious hands

Time stuff the sincere stomach of each mill

of the ingenious gods.(i am punished.
They have stolen into recent lands
the flower
                with their enormous fingers unwished

28.

l'agissante rose d'ivoire

de toi,fatiguée toute la nuit
sur mon esprit,ne relâchant qu'à la sévère

aube son muscle amoureux

pique de minuscules odeurs ces affreux
jours
        quand je pense à toi et ne vis plus:
le vide crépuscule ne peut avoir de chagrin
ni l'automne,comme j'en ai,et défaille à ta vue

Oh reste un peu avec moi.   ou jusqu'à

ce qu'avec d'habiles obscures évidentes mains

le Temps gave l'estomac sincère de manufa-

ctures aux dieux ingénieux.(je suis puni.
Ils ont volé dans de récentes contrées
la fleur
            avec leurs doigts énormes indésirés

29.

when you went away it was morning
(that is,big horses;light feeling up
streets;heels taking derbies(where?)a pup
hurriedly hunched over swill;one butting

trolley imposingly empty;snickering
shop doors unlocked by white-grub
faces)clothes in delicate hubbub

as you stood thinking of anything,

maybe the world....But i have wondered since
isn't it odd of you really to lie
a sharp agreeable flower between my

amused legs
                    kissing with little dints

of april,making the obscene shy
breasts tickle,laughing when i wilt and wince

29.

quand tu es partie il était encore tôt
(c'est-à-dire,grands chevaux;lumière tripotant
les rues;talons prenant chaussures(où ça?)un chiot
se jetant sur sa pâtée;un tramway hoquetant

considérablement vide;les rideaux grinçants
de magasins ouverts par des visages d'un blanc
larvaire)les vêtements dans un chahut délicat

comme tu étais là pensant à je ne sais quoi,

le monde peut-être…Mais je me demande depuis
n'est-ce pas vraiment bizarre de ta part de coucher
une piquante fleur agréable entre mes

jambes amusées
                                        m'embrassant avec les petites

dents d'avril,rendant chatouilleux les timides
seins obscènes,riant quand je flanche et frémis

30.

you asked me to come:it was raining a little,
and the spring;a clumsy brightness of air
wonderfully stumbled above the square,
little amorous-tadpole people wiggled

battered by stuttering pearl,
                                        leaves jiggled
to the jigging fragrance of newness
—and then.   My crazy fingers liked your dress
....your kiss,your kiss was a distinct brittle

flower, and the flesh crisp set
my love-tooth on edge.   So until light
each having each we promised to forget—

wherefore is there nothing left to guess:
the cheap intelligent thighs,the electric trite
thighs;the hair stupidly priceless.

30.

tu m'avais dit de venir:il pleuvait un peu
et c'était le printemps;une lumière maladroite
trébuchait à merveille au-dessus du square,
se tortillaient de petits têtards amoureux

battus de gouttes bégayantes,
                                        tremblotaient les feuilles
au-devant du parfum gigotant du nouveau
—et puis.   Mes doigts fous ont aimé ta robe
...ton baiser,ton baiser fut une fragile fleur

distincte, et la chair croustillante a mis
à cran ma dent d'amour.   Et donc jusqu'au jour pâle
chacun prenant chacun nous promîmes d'oublier—

ainsi ne reste-t-il plus rien à deviner:
les cuisses intelligentes bon marché,les banales
cuisses électriques;les poils stupidement sans prix.

31.

and this day it was Spring....us
drew lewdly the murmurous minute clumsy
smelloftheworld.   We intricately
alive,cleaving the luminous stammer of bodies
(eagerly just not each other touch)seeking,some
street which easily tickles a brittle fuss
of fragile huge humanity....
                                        Numb
thoughts,kicking in the rivers of our blood,miss
by how terrible inches speech—it
made you a little dizzy did the world's smell
(but i was thinking why the girl-and-bird
of you move....moves....and also,i'll admit—)

till, at the corner of Nothing and Something,we heard
a handorgan in twilight playing like hell

31.

et c'était un jour de Printemps…nous
attirait lubrique la mince murmurante maladroite
odeurdumonde. Nous embrouillément
vivants,fendant le lumineux bégaiement des corps
(avec ardeur qui ne se touchent pas)cherchant,
une rue que n'a du mal à chatouiller la frêle rumeur
d'une fragile immense humanité…
                                        Hébétées
nos pensées,ruant dans des fleuves de sang,ratent
à combien d'affreux centimètres la parole—ça
te donnait un peu le vertige du monde cette odeur
(mais je pensais pourquoi les fille-et-oiseau
de toi bougent…ça bouge…mais bon,laisser faire—)

jusqu'au coin de Rien et Quelque Chose,où
un orgue au crépuscule jouait comme l'enfer

32.

i like my body when it is with your
body.   It is so quite new a thing.
Muscles better and nerves more.
i like your body.   i like what it does,
i like its hows.   i like to feel the spine
of your body and its bones,and the trembling
-firm-smooth ness and which i will
again and again and again
kiss,   i like kissing this and that of you,
i like,slowly stroking the,shocking fuzz
of your electric fur,and what-is-it comes
over parting flesh....And eyes big love-crumbs,

and possibly i like the thrill

of under me you so quite new

32.

j'aime mon corps lorsqu'il est avec ton
corps.   Il devient une chose tellement nouvelle.
Muscles mieux et nerfs plus.
j'aime ton corps. j'aime ce qu'il fait,
j'aime ses comment.   j'aime sentir la colonne
de ton corps et ses vertèbres,et tremblante
sa fermeté soyeuse et que je vais
encore et encore et encore
l'embrasser,   j'aime embrasser ton ceci ton cela,
j'aime,lentement caresser le,scandaleux duvet
de ta toison électrique,et le qu'arrive-t-il
sur la chair entrouverte... Les grands yeux miettes d'amour,

et il se peut que j'aime le frisson

de toi sous moi complètement nouvelle

33.

sometimes i am alive because with
me her alert treelike body sleeps
which i will feel slowly sharpening
becoming distinct with love slowly,
who in my shoulder sinks sweetly teeth
until we shall attain the Springsmelling
intense large togethercoloured instant

the moment pleasantly frightful

when,her mouth suddenly rising,wholly
begins with mine fiercely to fool
(and from my thighs which shrug and pant
a murdering rain leapingly reaches the
upward singular deepest flower which she
carries in a gesture of her hips)

33.

parfois je suis vivant parce qu'avec
moi dort son corps d'arbre alerte
que je sentirai lentement s'aiguiser
par amour plus distinct lentement,
qui dans mes épaules plonge de douces dents
pour que nous atteignons l'odorant printemps
intense et vaste instant coloré de nous

le moment agréable et effrayant

où,sa bouche soudain dressée,se met toute
entière à taquiner férocement la mienne
(et de mes cuisses qui s'agitent haletantes
une pluie meurtrière atteint bondissante
la profonde fleur singulière qu'elle
emporte d'un mouvement de ses hanches)

34.

o my wholly unwise and definite
lady of the wistful dollish hands

(whose nudity hurriedly extends
its final gesture lewd and exquisite,
with a certain agreeable and wee
decorum)o my wholly made for loving
lady
      (and what is left of me
your kissing breasts timidly complicate)

only always your kiss will grasp me quite.

Always only my arms completely press
through the hideous and bright night
your crazed and interesting nakedness

—from you always i only rise from something

slovenly beautiful gestureless

34.

ô ma vraiment peu sage et catégorique
dame aux mains de poupée mélancolique

(dont la nudité est pressée d'entourer
son dernier geste exquisément lubrique
d'un certain décorum acceptable et
petit)ô ma dame entièrement faite
pour l'amour
                    (et ce qui de moi subsiste
tes seins m'embrassant timidement le compliquent)

seul ton baiser toujours me saisira vraiment.

Toujours mes bras ne serrent complètement
dans la nuit effrayante et radieuse
que ta passionnante nudité affolée

—toujours je ressors seulement de quelque chose

de toi négligé magnifique et sans geste

35.

my youthful lady will have other lovers
yet none with hearts more motionless than i
when to my lust she pleasantly uncovers
the thrilling hunger of her possible body.

Noone can be whose arms more hugely cry
whose lips more singularly starve to press her—
noone shall ever do unto my lady
what my blood does,when i hold and kiss her

(or if sometime she nakedly invite
me all her nakedness deeply to win
her flesh is like all the 'cellos of night
against the morning's single violin)

more far a thing than ships or flowers tell us,
her kiss furiously me understands
like a bright forest of fleet and huge trees
—then what if she shall have an hundred fellows?

she will remember,as i think,my hands

(it were not well to be in this thing jealous.)
My youthful lust will have no further ladies.

35.

ma jeune dame aura d'autres amants
mais nul cœur ne s'arrêtera comme le mien
lorsqu'à mon désir elle découvre avec plaisir
de son possible corps la frissonnante faim.

De personne les bras ne crient plus largement
les lèvres ne meurent plus uniquement de la presser—
personne ne fera jamais ce que mon sang
fait contre elle,quand je la serre pour l'embrasser

(ou si parfois elle m'invite dévêtue
à conquérir en profondeur toute sa nudité
sa chair ressemble aux violoncelles nocturnes
contre le violon solitaire du matin)

mieux que nous ne le disent fleurs ou navires,
son baiser furieusement me comprend
comme une forêt radieuse aux grands arbres vifs
—alors qu'importe qu'elle ait une centaine de copains?

elle se souviendra,je pense,de mes mains

(il ne faudrait pas s'en montrer jaloux.)
Mon jeune désir ne connaîtra d'autres dames.

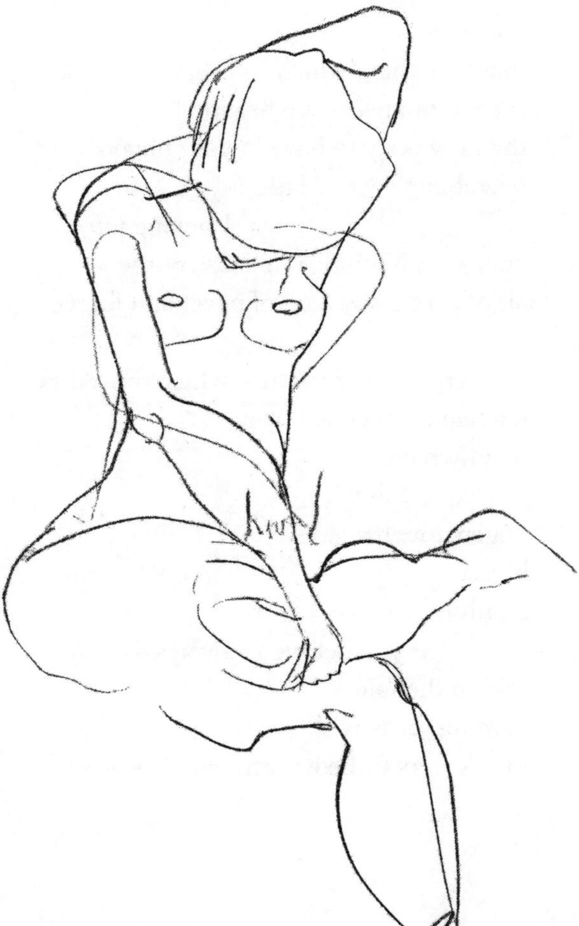

36.

you said Is
there anything which
is dead or alive more beautiful
than my body,to have in your fingers
(trembling ever so little)?
                                        Looking into
your eyes Nothing,i said,except the
air of spring smelling of never and forever.

....and through the lattice which moved as
if a hand is touched by a
hand(which
moved as though
fingers touch a girl's
breast,
lightly)
          Do you believe in always,the wind
said to the rain
I am too busy with
my flowers to believe,the rain answered

36.

tu as dit Est
-il quelque chose qui
mort ou vivant soit plus beau
que mon corps, l'avoir entre tes doigts
(tremblant toujours un peu)?
                                                            Te regardant
au fond des yeux Rien,ai-je dit,sinon cet
air printanier fleurant le jamais le toujours.

...et au travers du treillage qui s'agitait comme
si une main touchait une
main(qui
s'agitait comme si
des doigts touchaient d'une fille
les seins,
légèrement)
                                    Crois-tu en toujours,a demandé
le vent à la pluie
je suis trop occupé avec
mes fleurs pour croire,a répondu la pluie

37.

is
it

because there struts a distinct silver lady

(we being passionate O yes)upon
the carpet of evening which thrills
with the minuteness of her
walking, for she walks

upon the evening
                                                  shy and luxurious   .and because

we
being

passionate perceive o Yes where(immensely
near)
simply,

but with a colour like the ending of the world
rises

              slow
                        ly

37.

est-
ce

parce que se pavane une nette dame argentée

(étant passionnés Oh oui)sur
le tapis du soir qui frissonne
de la minutiosité de sa
démarche, car elle marche

sur le soir
                    timide et luxurieuse   .et parce que

étant
passionnés

nous percevons oh Oui là(immensément
proche)
simplement,

mais avec une couleur de fin du monde
qui se lève

                      lent
                              ement

balloonlike

the huge foetus of The Moon ?

—with our gestures we pry
and our mouths battle into distinctness. It
is this kiss which builds in us ever so softly

the coarse and terrible structure of the night.

ballonesque

l'énorme fœtus de La Lune ?

—de nos gestes nous fouillons
et de nos bouches bataillons dans cette netteté. C'est
ce baiser qui construit en nous si doucement toujours

le vulgaire et terrible édifice de la nuit.

38.

Lady,i will touch you with my mind.
Touch you and touch and touch
until you give
me suddenly a smile,shyly obscene

(lady i will
touch you with my mind.)Touch
you,that is all,

lightly and you utterly will become
with infinite ease

the poem which i do not write.

38.

Ma dame,je vais vous toucher de mon esprit.
Vous toucher et toucher et toucher
jusqu'à ce que vous m'accordiez
un soudain sourire,timidement obscène

(ma dame je vais
vous toucher de mon esprit.)Vous
toucher,c'est tout,

légèrement et vous deviendrez tout à fait
avec une infinie facilité

le poème que je n'écris pas.

39.

Lady,since your footstep
is more frail than everything
which lives,than everything which breathes
in the earth and in the sea
because your body is more new,

a dream(skilfully who mimics,entirely who pictures
yourself a skilfully and entirely moving dream
with fingers,a dream with lifted little breasts
and with feet)touches

me through the day scarcely,timidly;

whereas,beside me through the long night and upon
me,always i feel the crisply and deeply moving
you which is so glad to be alive—

the you with hot big inward stealing
thighs,perfectly who steal me;or as the wise

sea steals entirely and skilfully the ignorant earth.

39.

Dame,puisque votre démarche
est plus frêle que tout
ce qui vit,tout ce qui respire
sur terre et dans la mer
parce que votre corps est plus nouveau,

un rêve(habilement qui mime,entièrement qui vous peint
un rêve habilement et entièrement se mouvant
avec les doigts,un rêve aux petits seins dressés
avec des pieds)m'atteint

au travers du jour à peine,timidement;

tandis que,près de moi dans la longue nuit et sur
moi,toujours je vous sens frissonnante et profonde qui bougez
tellement heureuse d'être vivante—

ce vous aux grandes chaudes cuisses voleuses
entre deux,parfaitement qui me vole;ou comme la sage

mer vole entièrement et habilement la terre ignorante.

40.

she being Brand

-new;and you
know consequently a
little stiff i was
careful of her and(having

thoroughly oiled the universal
joint tested my gas felt of
her radiator made sure her springs were O.

K.)i went right to it flooded-the-carburetor cranked her

up,slipped the
clutch(and then somehow got into reverse she
kicked what
the hell)next
minute i was back in neutral tried and

again slo-wly;bare,ly nudg.   ing(my

lev-er Right-
oh and her gears being in
A 1 shape passed
from low through
second-in-to-high like
greasedlightning)just as we turned the corner of Divinity

40.

comme elle était flambant

neuve;et tu
l'imagines forcément un
peu raide j'ai pris
soin d'elle et(j'avais

huilé à fond les
cardans jaugé l'essence tâté
le radiateur vérifié que les ressorts étaient O.

-K.)allons-y le-carburateur-rempli je démarre à

la manivelle,enclencle mal la
vitesse(et la voilà en marche arrière elle
fait des bonds
du diable)l'instant
d'après je repassais au point mort puis essayais

de nouveau len-te-ment;pouss,ant à p.   eine(le

lev-ier Par-
fait la boîte étant
impec j'ai passé
de première en
seconde-puis-prise-directe tel un
éclair dans l'huile)juste comme on tournait dans Divinity

avenue i touched the accelerator and give

her the juice, good

(it

was the first ride and believe i we was
happy to see how nice she acted right up to
the last minute coming back down by the Public
Gardens i slammed on

the
internalexpanding
&
externalcontracting
brakes Bothatonce and

brought allof her tremB
-ling
to a:dead.

stand-
;Still)

avenue j'ai touché l'accélérateur et lui ai balancé

la sauce, bon

                    (c'était

sa première sortie et croyez-moi on a été
ravi de voir comme elle s'est bien comportée jusqu'à
la fin étant redescendu par les Jardins
Publics j'ai bloqué

les freins
à expansion interne
&
contraction externe
Lesdeuxàlafois et

elle touteencore treM
-blante
j'ai:coupé.

le cont-
;Act)

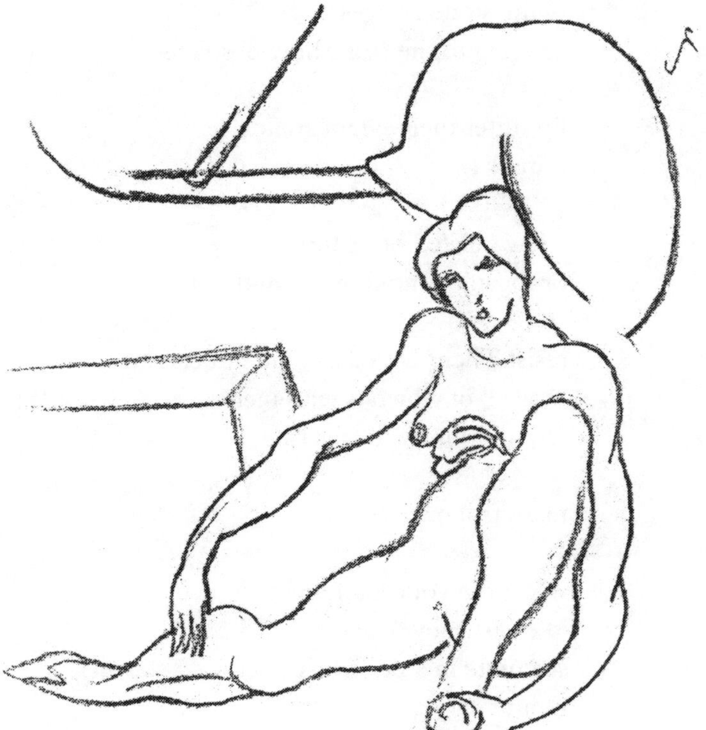

41.

(ponder,darling,these busted statues
of yon motheaten forum be aware
notice what hath remained
—the stone cringes
clinging to the stone,how obsolete

lips utter their extant smile....
remark

a few deleted of texture
or meaning monuments and dolls

resist Them Greediest Paws of careful
time all of which is extremely
unimportant)whereas Life

matters if or

when the your- and my-
idle vertical worthless
self unite in a peculiarly
momentary

partnership(to instigate
constructive

41.

(considère,chérie,les statues amochées
de ce forum bouffé aux mites rends-toi compte
vois un peu ce qu'il en reste
—la pierre qui se recroqueville
agrippée à la pierre,tellement caduques

les lèvres qui montrent un restant de sourire…
observe

ces quelques monuments pantins
à la texture et au sens effacés

Eux résistent aux Plus Avides Griffes du temps
qui les surveille tout ça est extrêmement
sans importance)là où la Vie

importe c'est quand ou si

le toi et le moi
oisifs verticaux sans valeur
de nous s'unissent pour un particulièrement
momentané

partenariat(afin de s'occuper
de constructives

Horizontal

business....even so,let us make haste
—consider well this ruined aqueduct

lady,
which used to lead something into somewhere)

affaires
Horizontales… tout de même,hâtons-nous
—considère cet aqueduc en ruine

ma dame,
qui jadis conduisait quelque chose quelque part)

42.

may i feel said he
(i'll squeal said she
just once said he)
it's fun said she

(may i touch said he
how much said she
a lot said he)
why not said she

(let's go said he
not too far said she
what's too far said he
where you are said she)

may i stay said he
(which way said she
like this said he
if you kiss said she

may i move said he
is it love said she)
if you're willing said he
(but you're killing said she

42.

si je frôle dit-il
(ça m'affole dit-elle
juste une fois dit-il)
ma foi dit-elle

(si je touche dit-il
c'est louche dit-elle
pas qu'un peu dit-il)
donc on peut dit-elle

(allons viens dit-il
pas trop loin dit-elle
loin c'est où dit-il
là-dessous dit-elle)

si je reste dit-il
(comment faire dit-elle
comme cela dit-il
embrasse-moi dit-elle

si je bouge dit-il
est-ce l'amour dit-elle)
t'es d'accord dit-il
(mais moins fort dit-elle

but it's life said he
but your wife said she
now said he)
ow said she

(tiptop said he
don't stop said she
oh no said he)
go slow said she

(cccome?said he
ummm said she)
you're divine!said he
(you are Mine said she)

eh dame dit-il
mais ta femme dit-elle
à l'instant dit-il)
hhhan dit-elle

(extra dit-il
n'arrête pas dit-elle
oh non dit-il)
freinons dit-elle

(jjjoui?dit-il
ouh oui dit-elle)
c'était divin!dit-il
(je te Tiens dit-elle)

43.

in hammamet did camping queers et al)
with caverns measureless to man and how
lest which your worships deem apocryphal
o get a load of yonder arab now

bowed by the gaze of pederasts he queens
upon his toe and minces at the sand
the sorrows of young werther in his teens
and in his pants the urging of the hand

near and more near their draping selves redrape
lascivious hips against insisting sky
can there be no asylum no escape?
(his donkey looks mohammed in the eye

43.

à hammamet campaient les copines tantes et plus)
avec d'immenses cavernes pour l'homme et comment
si tes adorations ne sont pas reconnues
il y a là-bas un tas d'arabes qui t'attend

salué d'un regard pédéraste il chochotte
sur ses orteils et joue minaudant sur la plage
les souffrances du jeune werther avant l'âge
avec l'urgence d'une main au fond de la culotte

se rapprochant plus que langoureux il redrape
des hanches lascives sous le soleil criant à l'aide
n'y a-t-il donc aucun moyen qu'on y échappe?
(son gros poisson droit dans les yeux fixe mohammed

44.

“she had that softness which is falsity”
he frowned “plus budding strictly chasms of
uninnocence for eyes:and slippery
a pseudomind,not quite which could believe

in anything except most far from so
itself(with deep roots hugging fear’s sweet mud
she floated on a silly nonworld’s how
precarious inexistence like some dead

provocatively person of a thing
mancurious and manicured)i gave
the wandering stem a vivid(being young)
yank;and then vanished.   Seeing which,you dove

and brought me to the surface” smiling “by
my dick,which since has served me handily”

44.

“elle avait cette douceur tout en fausseté”
sourcille-t-il “plus de perçants gouffres gros
d’ininnocence pour yeux:et un pseudo
esprit insaisissable,qui ne peut tout à fait

croire à rien sinon ce qui est le plus loin
d’elle(enracinée dans la douce boue d’une peur
elle flottait sur l’inexistence précaire ô combien
d’un non-monde idiot tel le provocateur

cadavre humain d’une chose manucurée
maxicurieuse des mâles)j’ai imprimé
à la plante errante(étant jeune)une vivace
secousse;puis ai disparu.   Voyant quoi, tu as

plongé puis m’as ramené à la surface” il sourit
“ô ma bite,qui me sert manuellement depuis”

45.

devil crept in eden wood
(grope me wonderful grope me good)
and he saw two humans roaming
—hear that tree agroaning

woman chewed and man he chewed
(open beautiful open good)
and their eyes were wet and shining
—feel that snake aclimbing

lord he called and angel stood
(poke me darling o poke me good)
with a big thick sword all flaming
—o my god i'm coming

45.

le diable se faufile au jardin d'eden
(caresse-moi belle caresse-moi bien)
et voit qui errent deux êtres humains
—entends les arbres qui se plaignent

la femme et puis l'homme il mordille
(s'ouvrent magnifique s'ouvrent bien)
et leurs yeux sont humides et brillent
—sens un peu ce serpent qui grimpe

dieu il appelle et un ange vient
(baise-moi chéri oh baise-moi bien)
avec une longue large épée de feu
—et comme je jouis ô mon dieu

46.

she,straddling my lap,
hinges(wherewith I tongue each eager pap)
and,reaching down,by merely fingertips
the hungry Visitor steers to love's lips
Whom(justly as she now begins to sit,
almost by almost giving her sweet weight)
O,how those hot thighs juicily embrace!
and(instant by deep instant)as her face
watches,scarcely alive,that magic Feast
greedily disappearing least by least—
through what a dizzily palpitating host
(sharp inch by inch)swoons sternly my huge Guest!
until(quite when our touching bellies dream)
unvisibly love's furthest secrets rhyme.

46.

elle,enjambant mon giron,
s'enclenche(et je suçote chaque ardent téton)
et,s'enfonçant,avec tout le doigté fait pour
l'affamé Visiteur guide les lèvres d'amour
Qui(alors que maintenant elle s'assoit,
de presque en presque accordant son doux poids)
Oh,comme embrassent ces chauds cuissots juteux!
et(d'instant en instant profond)ses yeux
contemplent,à peine vivant,ce magique Festin
goulûment disparaissant moins après moins—
au fond de quel hôte palpitant de vertige
(vif pouce à pouce)se pâme dur l'énorme Convive!
(quand nos ventres se pressant rêvent)pour
qu'invisibles riment les pires secrets de l'amour.

47.

wild(at our first)beasts uttered human words
—our second coming made stones sing like birds—
but o the starhushed silence which our third's

47.

des bêtes fauves(au premier)ont trouvé voix humaine
—notre second a rendu les pierres musiciennes—
mais quel silence couvrant les étoiles au troisième

48.

```
n w
 O
 h
 S
LoW
 h
myGODye
 s  s
```

48.

```
 n n
  O
  h
  F
 ReiN
 e b
onDIEUou
 i i
```

49.

b
et
wee
n no
w dis
appear
ing mou
ntains a
re drifti
ng christi
an how swee
tliest bell
s and we'l
l be you'
ll be i'
11 be ?
? ther
efore
let'
s k
is
s

49.

l
es
mon
tagn
dispa
rues e
ntre el
les réso
nnent com
bien douce
s de chréti
ennes cloch
es et nous
serons tu
seras je
serai ?
? alor
s enl
açon
s-n
ou
s

50.

there are so many tictoc
clocks everywhere telling people
what toctic time it is for
tictic instance five toe minutes toe
past six tic

Spring is not regulated and does
not get out of order nor do
its hands a little jerking move
over numbers slowly

                                        we do not
wind it up it has no weights
springs wheels inside of
its slender self no indeed dear
nothing of the kind.

(So,when kiss Spring comes
we'll kiss each kiss other on kiss the kiss
lips because tic clocks toe don't make
a toctic difference
to kisskiss you and to
kiss me)

50.

il y a tant de tic-tac
horloge partout disant aux gens
quelle tac-tic heure il est par
tic-tic exemple six tac heures
tac cinq tic

le printemps n'est pas réglé ni
ne tombe en panne et
ses doigts ne font de petits sauts
lentement sur des nombres

il ne
se remonte pas n'a de poids
ressorts ni rouages à l'intérieur
de sa sveltesse non chérie
rien de la sorte.

(Alors,quand le printemps viendra nous
nous embras nous serons nous embrasserons
sur la bouche car les tac horloges tic
ne tic-tac changent rien
à je t'embrassebrasse et tu
m'embrasses)

Sexe, amour et poésie

Il n'a pas toujours été facile de publier des poèmes comme la plupart de ceux réunis ici. En 1922 aux États-Unis, *The Little Review* est censurée pour avoir publié les premiers chapitres jugés obscènes de l'*Ulysses* de Joyce. La même année, Cummings a du mal à trouver un éditeur pour *Tulips & Chimneys*, son premier recueil, dont le titre évoquant la nature et la ville laisse presque entendre *two lips and penis*. La critique vient pourtant de saluer *The Enormous Room*, le récit enjoué de son incarcération pour pacifisme en France en 1917, où il était ambulancier. Mais ses poèmes souffrent des mêmes qualités qu'*Ulysses* : leur écriture est radicalement novatrice et certains abordent la sexualité avec une crudité qu'on ne trouve à l'époque, partout dans le monde, que sous le manteau – les romans d'Apollinaire par exemple.

Le manuscrit primitif de *Tulips & Chimneys* (152 poèmes dont 63 sonnets) paraîtra éparpillé en trois volumes. Le premier, *Tulips and Chimneys*, rassemble en 1923 le plus acceptable. Une nouvelle sélection, *XLI Poems*, trouve éditeur en 1925. La même année,

Cummings publie à compte d'auteur &, qui récupère l'esperluette et contient les sonnets les plus clairement érotiques, augmentés de textes plus récents.

Sexe

Il y a une part de rébellion dans ces poèmes. Né en 1894, élevé dans une confortable famille intellectuelle du Massachusetts, Cummings écrit depuis son enfance et a lu le meilleur de la poésie anglaise. Son père, professeur de sciences politiques à Harvard, puis pasteur unitarien – un christianisme associant Dieu à la nature –, est sensible à la misère sociale et pacifiste, mais d'une morale stricte. En 1915, étudiant à Harvard, Cummings « goûte pour la première fois à l'indépendance[1] » et fréquente les bals mal famés, cafés-concerts louches et boxons de Boston. Ses poèmes, bien qu'encore redevables à la tradition, associent le corps féminin à la sensualité de la nature (textes 1-3, 5), et il adopte une morale du *carpe diem* (4) qui ne le quittera plus (18, 36, 41, 45, 50).

La rupture définitive avec le conformisme qui régit toute société, l'américaine en particulier, se produit en prison. Il côtoie au « camp de triage » de La Ferté-Macé (Orne) des étrangers ou de petits délinquants suspectés de trahison qui se révèlent de « Délicieuses Montagnes » du fait de leur absence d'éducation. N'en ont pas plus des filles comme la « sauvage Marj » (7), ses semblables anonymes (6, 8), le « cabri femelle » dansant sur du jazz (11), « ma môme » (13) ou celles rencontrées sur fond de guerre (16-18). Toutes se moquent des convenances, contrairement à la bourgeoise en limousine (12). Créatures de dieu elles aussi (22), les prostituées chamboulent les valeurs autant que

1. *je:six inconférences*, Clémence Hiver, 2001, p. 58.

l'esprit, offrant « le crime honnête de la vie » (9) ou « la propagande rose de l'annihilation » (14), « gaie de périr exactement sexuelle » (19).

Le plus notable est que Cummings ne considère jamais ces femmes comme de simples objets de plaisir. En des sonnets (forme noble) qui, à l'image du désir, transgressent les règles (strophiques et métriques), il esquisse leur portrait, aussi attentif à leurs réactions souvent décevantes qu'à ses propres sensations. Une des clés de l'érotisme, pas seulement cummingsien, est qu'un ratage se mêle au partage, qu'une distance noue la jouissance : « quand ou si / le toi et le moi / [...] de nous s'unissent pour un particulièrement / momentané / partenariat » (41).

Amour

En mai 1918 à New York, il entame une liaison avec Elaine Orr, la jeune épouse délaissée de son ami et mécène depuis Harvard, Scofield Thayer – qui rachètera en 1920 le magazine *Dial* où Cummings trouvera un premier soutien. Elaine est d'une beauté sublime : « la Damoiselle Élue, le beau, l'adorable Lys d'Astelot », écrira Dos Passos[1]. Riche héritière, elle mène une vie mondaine quand le poète préfère la bohème. De sentir ou espérer un désir partagé dans ce qui les sépare, il tombe amoureux.

La séduction d'Elaine tient à la « totale stupéfaction » (24) de découvrir sous la dame raffinée une femme « entièrement faite / pour l'amour » (34), « sous moi complètement nouvelle » (32). Mieux, sa bonne éducation persiste lorsqu'elle se montre provocante : « timide et luxurieuse » (37), « timidement obscène » (38),

1. *The Best Time*, trad. M.-E. Coindreau, *La Belle Vie*, Mercure de France, 1968, p. 109.

sa « nudité pressée d'entourer / son dernier geste exquisément lubrique / d'un certain décorum acceptable » (34). De là entre elle et lui une atmosphère de transgression qui aiguise leur sensibilité : « ne les effraie pas » lui fait-il dire des rues qu'entrouvrent ses jambes (23) ; « Nous embrouillément / vivants, fendant le lumineux bégaiement des corps » (31) ; et lui « furieusement perplexe » (26) lorsque, se rendant chez elle, « une lumière maladroite / trébuchait à merveille [...] tremblotaient les feuilles » (30).

Ce qu'ajoute le sentiment aux relations passagères ou tarifées, c'est une communion avec la nature et ses cycles qui caractérise tous les poèmes d'amour de Cummings : « je suis mordu / sans doute à cause / .du crépuscule » et de « la [...] timide obscène / lune » (25) ; « les petites / dents d'avril » (29), « c'était le printemps » (30) ; « te donnait un peu le vertige du monde cette odeur » (31), « l'odorant printemps » (33), « l'énorme fœtus de La Lune » (37), etc.

Pour Cummings, la nature a ceci de commun avec l'amour – et la jouissance – qu'elle ouvre sur le mystère de la vie qui ignore les contradictions : « un têtard comique frétillant dans la boue avec délice » (26). Si « au coin de Rien et Quelque Chose [...] un orgue au crépuscule jouait comme l'enfer » (31), c'est qu'au « moment agréable et effrayant » (33) « se démène / l'adroit mystère de l'Enfer » (18), « chaud exact impie » (27). Les anges tendent le cou à cet instant de « sexe suprême » (18) où le diable concourt à l'extase. L'exclamation « *myGOD* » (48) n'est pas un blasphème et de « chrétiennes cloches » résonnent entre « les montagnes disparues » (49), ainsi que l'énoncent encore deux poèmes tardifs, dont la disposition graphique évoque le sexe féminin – dans le premier (48), un « O » pour clitoris et « DIEU » pour pénis !

Poésie

L'art, feint de suggérer Cummings en un sonnet très libre, ne peut rendre la jouissance que procure l'être aimé : « toute peinture se sent honteuse / devant cette musique, et la poésie n'arrive / à s'en approcher tant elle est craintive » (27). Mais c'est dire qu'elle ne doit pas craindre de heurter les conventions, tant morales que formelles. Et la syntaxe de se contorsionner dans une luxuriance d'adjectifs et d'adverbes, les mots de se fendre ou s'étreindre, les rimes d'adopter des (dis)positions acrobatiques, les parenthèses d'ouvrir le corps de la phrase, la ponctuation de frémir au gré du et des sens. Tout l'art de Cummings est mouvement dans l'autonomie préservée des éléments : « quand chaque partie reste immobile:et tout remue » conclura en 1935 un sonnet sur l'amour qui « produit de l'inconnu » (*No Thanks*, 61).

Les amours avec Elaine s'achèveront en 1924 par un divorce, après un rapide mariage. Cummings trouvera plus de sérénité avec le splendide mannequin de mode Marion Morehouse, avec qui il vivra de 1933 à sa mort en 1962. Pour elle, il écrira de nombreux poèmes empreints d'une mystique charnelle qui, moins explicite, reste grandement suggestive. Comme toujours dessinant et peignant des nus, il réservera à des satires parfois méchantes (43, 44), la grivoiserie ou crudité qui sied à l'érotisme. Le couple qui s'ébat en vitesse échangeant de brèves répliques finit par confondre la jouissance physique avec une possession mentale, où le désir tourne court (42). La balade en automobile dans les rues de Cambridge et Boston est un souvenir de jeunesse joliment inventé – l'acmé, « touché l'accélérateur », atteint non par hasard dans « Divinity / avenue » –, mais aussi un coup de patte à qui se satisfait d'un objet mécanique (40), comme d'autres sont amoureux des vieilles pierres (41). Rien ne vaut un être vivant fait de chair… et de secrets (46).

Deux poèmes retrouvés condensent sa conception de l'amour charnel. Le péché est exclu du Jardin d'Eden où collabore le diable, la femme, l'homme, un ange et dieu (45). Le temps compté par les horloges n'a pas cours entre amants ; seul importe le printemps, qui « n'est pas réglé » (50). Le paradis à ceux qui n'ont peur de la vie ni de la mort.

Jacques Demarcq
(août 2011)

DU MÊME TRADUCTEUR

je:six inconférences, Clémence Hiver, 2001.
Contes de Fées, 16 Poèmes enfantins,
Clémence Hiver, 2003.
95 Poèmes, Le Seuil, coll. « Points/Poésie », 2006.
font 5, Nous, 2011.
No Thanks, Nous, 2011.

Composé par Nord Compo Multimédia
7, rue de Fives, 59650 Villeneuve d'Ascq

Cet ouvrage a été achevé d'imprimer en janvier 2012
dans les ateliers de Normandie Roto Impression s.a.s.
61250 Lonrai
Dépôt légal : février 2012
N° d'édition : 52110/01 – N° d'impression : 12-0198

Imprimé en France